PHILOSOPHES ET PENSEURS

Philippe BORRELL

Benoît SPINOZA

BLOUD & Cⁱᵉ

8 et R. 595

Benoît SPINOZA

PAR

Philippe BORRELL

PARIS

LIBRAIRIE BLOUD & Cie

7, PLACE SAINT-SULPICE, 7

1 ET 3, RUE FÉROU — 6, RUE DU CANIVET

—

1911

DU MÊME AUTEUR

HOC

AEMILIO CHARTIER

DEBETVR

OPVSCVLVM.

AVERTISSEMENT

On lit au début du Traité sur l'Epuration de l'Intellect, *que Spinoza rechercha longtemps la gloire et les richesses. Il finit par s'apercevoir qu'elles ne le pouvaient satisfaire. Il essaya donc d'atteindre par une autre voie « le bonheur suprême et éternel ». Ce fut sa philosophie : une méthode pour vivre heureux.*

Il a semblé que ce caractère pratique et le progrès de la pensée apparaîtraient plus fortement si le système était exposé comme du dedans, et si l'on se préoccupait surtout de montrer en quel sens il est resté vivant pour beaucoup d'esprits. C'est pourquoi l'on n'a pas fait allusion, dans le cours des chapitres, aux difficultés d'interprétation qui s'élèvent sur deux ou trois points, et l'examen en a été réservé pour des Appendices. De même, on a gardé pour la Table des matières la série des références qui eussent encombré les pages sans profit. Le lecteur qui voudra se reporter au texte original devra ainsi prendre une peine un peu plus grande, mais un tel travail demande précisément à être fait avec lenteur.

Une bibliographie sommaire suit les Appendices : elle comprend la liste complète des œuvres de Spinoza et quelques travaux historiques. On aurait pu l'allonger sans peine, mais il a paru que cent volumes de commentaires ne vaudraient pas la méditation d'un chapitre de l'auteur lui-même. Enfin, l'on pourra s'étonner de ne rencontrer nulle critique, nulle appréciation d'ensemble du système. Cette tâche eût de beaucoup dépassé les limites imposées. Au surplus, c'eût été empiéter, sans aucun mandat, sur la part réservée aux réflexions du lecteur. Telle est la méthode à laquelle on s'est efforcé, dans cette brève étude, de rester fidèle.

P. B.

INTRODUCTION

—

LA VERTU

« Amassez-vous des trésors où
il n'y ait ni rouille ni vers
qui les détruisent. »
(MATTH., VI, 20.)

Nous voulons être heureux. C'est pourquoi les hommes poursuivent l'amour, la gloire ou l'argent. Mais ces biens périssables déçoivent l'attente, et de là naissent les passions. Ainsi les hommes se tourmentent eux-mêmes par leurs mauvais désirs, et le bonheur qu'ils recherchent devient la pire des souffrances. Les uns se désespèrent de leur infortune et s'irritent contre Dieu. Les autres reconnaissent que le bonheur n'est point là où ils le cherchaient, et ceux-là sont sur la voie de la Sagesse. La Sagesse est de montrer aux hommes que la Vertu et la Joie ne peuvent point être séparées. Encore faut-il avoir fait l'épreuve de la Vertu pour oser en traiter dans des livres. C'est pourquoi nous ne pourrions comprendre Benoît Spinoza si nous ne savions que sa doctrine et sa vie ne furent pour lui qu'une même chose.

Les gens du peuple qui suivaient son convoi funèbre disaient : « Sûrement, celui-là est au ciel. » Toute sa vie il avait donné l'exemple d'un héros ou d'un saint. Nulle tribulation ne lui avait manqué : Ses parents, petits négociants portugais, établis à Amsterdam, le destinaient à l'état de Rabbin. Mais ses études d'exégèse l'amenèrent à douter de l'autorité de la Synagogue. En vain ses coreligionnaires s'efforcèrent d'acheter son conformisme extérieur : « C'était, dit Bayle, un homme qui n'aimait pas la contrainte de sa conscience. »

Une tentative d'assassinat le décida à rompre définitivement avec la Synagogue. Ses anciens maîtres lancèrent contre lui l'excommunication « Schamma-tha », pour laquelle il n'est pas de rémission possible.

Mais les théologiens juifs n'étaient pas les seuls ennemis de la liberté de penser. C'était l'époque des luttes civiles entre républicains et orangistes. Le cléricalisme luthérien se faisait le champion de la restauration orangiste ; il ne restait aux de Witt et aux républicains que les vrais amis de la liberté. Spinoza, retiré à Woorburg, écrivit contre les cléricaux et contre les orangistes son *Traité théologico-politique* (Amsterdam 1670). Il s'y efforçait de délimiter le juste emploi de l'autorité de l'Ecriture et de prouver que la foi pouvait se concilier avec l'amour de la vérité. Cela le fit accuser d'athéisme. On a conservé des pamphlets où les partisans de sa doctrine, sont accusés de se livrer aux plus infâmes débauches. Spinoza ainsi calomnié ne répondit pas. Ses études et quelques précieuses amitiés lui suffirent. Il avait appris le latin et la physique, lorsqu'il songea à s'adonner à la philosophie, et les œuvres de Descartes décidèrent de son orientation intellectuelle.

En même temps il lui fallait vivre. Ses parents ne lui avaient point laissé de fortune. L'indépendance de son esprit lui avait fait refuser une chaire de philosophie à l'Université de Heidelberg. Il demanda sa subsistance à l'art du polisseur de lunettes, qui lui parut propre à « embrasser une vie tranquille et retirée ». Sur les insistances de ses amis il vint à la Haye où il vécut encore cinq années. Le pasteur luthérien Jean Colerus nous a laissé le récit émouvant de ce que fut l'ascétisme de sa vie. Quatre sous et demi suffisaient à sa nourriture quotidienne. « Et quoiqu'on l'invitât souvent à manger, il aimait pourtant mieux vivre de ce qu'il avait chez lui, quelque peu de chose que ce fût, que de se trouver à une bonne table aux dépens d'un autre. »

Une légende stupide veut qu'il ait été sombre et ennemi des hommes. On connaît l'épigraphe d'un de ses portraits : *Signum reprobationis in vultu gerens.* En réalité il fut doux et paisible, aimable avec les petites gens qui l'entouraient et maître de ses passions. Pourtant la phtisie le minait secrètement, mais il supporta ses souffrances pendant vingt ans sans en rien laisser paraître. Il mourut, âgé de quarante-quatre ans (1), le dimanche d'avant les jours gras de 1677, vers quatre heures de l'après-midi, en l'absence de ses amis, assisté seulement d'un médecin d'Amsterdam qui, après sa mort, le dépouilla de son argent.

Mais une doctrine et un esprit lui survivaient. Ses amis publièrent la même année ses *Œuvres Posthumes* (2) qui comprennent : la *Grammaire Hébraïque*, sa *Correspondance*, le *Traité politique*, le *Traité sur l'Épuration de l'Intellect*, et son grand ouvrage de *Morale*. Il faut ajouter à la liste de ses œuvres un

---

(1) 24 novembre 1632-21 février 1677. Il fut enterré le 25 février.

(2) B. D. S. Opera Posthuma, *Quorum series post Præfationem exhibetur*. CIƆIƆCLXXVII. Sans nom d'imprimeur. in-8 de 614 pp. suivies d'un *Index Rerum*, du *Compendium grammatices linguæ hebraicæ* en 112 pp. et d'un *Indiculus Rerum*.

traité d'enseignement : les *Principes de la philosophie de René des Cartes* suivis de *Pensées métaphysiques* qui avaient paru en 1663 ; le *Traité sur Dieu, l'homme et la Béatitude* et divers opuscules scientifiques (sur le Nitre et l'Arc-en-ciel).

Il existe encore aujourd'hui des cercles « spinozistes », où l'on conserve pieusement sa mémoire.

CHAPITRE PREMIER

—

LA CONNAISSANCE

« L'homme pense. »
(*Morale*, part. II, axiome II.)

1. L'Esprit. — Il nous faut parvenir à la vertu. Beaucoup d'hommes se flattent de nous y conduire : ce sont les auteurs des diverses philosophies ou les prêtres des différentes religions. Mais nous ne pouvons encore les suivre. Comment jugerons-nous des systèmes ou des croyances ? Ce ne sera point par l'autorité, ni par la tradition. Car les traditions et les autorités se contredisent : elles n'ont pas leur règle en elles-mêmes. Aussi essaient-elles de se justifier en produisant des arguments et des preuves : par où il apparaît que notre raison décide souverainement de toutes choses. Nous ne parviendrons à la Vertu que par la Raison.

Encore est-il que notre raison est sujette à l'erreur. Nous devons donc travailler à la purifier d'abord.

a) L'expérience errante. — Nous voulons avoir des idées vraies. Le vulgaire croit que toutes les idées sensibles sont vraies. « Je ne crois que ce que je vois, » dit-il. Pourtant nous voyons brisé le bâton plongé dans l'eau, et nous ne le croyons pas. Ainsi, une simple expérience suffit à nous faire douter de la véracité du témoignage immédiat de nos sens. D'autres expériences viennent ruiner ce témoignage. Nous voyons le soleil à deux cents pas. Nous ne croyons point qu'il y soit. C'est que, plus encore qu'aux témoignages bruts de nos sens, nous nous fions à la concordance et à la relation de ces témoignages. Nous cherchons à dépasser la perception vulgaire pour nous affranchir des illusions. Nous nous efforçons de relier entre elles des perceptions très différentes, pour essayer de nous les représenter ensemble. C'est ainsi que la sagesse des peuples s'est lentement codifiée. Il est probable que les métiers et les religions ont, par leurs exigences pratiques, orienté les recherches. Les paysans croient que la lune rousse fait geler les récoltes. Les prêtres chaldéens ont découvert les révolutions périodiques des planètes et ont calculé des éclipses. De la sorte une « expérience errante » se constitua, perception déjà systématisée, en marche vers la science.

b) La dialectique et la science. — Mais il faut bien voir que nous ne sommes pas savants parce que nous percevons. C'est parce que nous relions nos perceptions en un système. Tant qu'on se borne à juxtaposer, de l'extérieur, des perceptions même simplifiées, on reste à l'étage inférieur de la perception ordinaire, sujette à l'illusion des sens. Même on ne peut dire qu'une perception non illusoire soit vraie. Est-il vrai que l'encre soit noire et qu'entendez-vous par là ? Que votre œil est affecté d'une certaine manière qu'il vous vous plaît d'appeler noire ? Cela est juste, et si votre œil était conformé autrement, il serait affecté d'une autre manière, que vous pourriez également appeler noire, bien qu'elle n'eût rien de commun avec la précédente. Le mot « noire » est donc un pur mot que nous échangeons dans le langage, mais il n'a pas plus de valeur commune dans les deux cas que n'en aurait le mot « chien » pour désigner la constellation céleste ou au contraire pour nommer l'animal aboyant. Ce n'est donc pas là ce que vous entendez. Vous entendez que l'encre possède telle ou telle structure interne qui lui donne ensuite telle ou telle qualité sensible. C'est cela de la science. Mais cet exemple est peut-être encore trop complexe : en réalité n'importe quelle sensation peut être liée à n'importe quelle sensation. Il n'y a pas contradiction, c'est-à-dire impossibilité, pour la sensation. La preuve en est que vous pouvez imaginer n'importe quoi. Vous pouvez par exemple, au moment où vous lisez ces lignes, vous représenter le combat de Bellérophon contre la Chimère. Or, s'il n'y a ni impossibilité ni contradiction, il n'y a pas non plus nécessité ou raison. Voir une bille en chasser une autre, ce n'est jamais que voir une bille chassée par une autre, sans comprendre la raison de ce fait. En d'autres termes, les images n'emportent jamais avec soi leur explication. C'est pourquoi la science que d'aucuns voudraient constituer avec des tables de présence ou d'absence des phénomènes ne serait jamais qu'une fausse science puisqu'elle nous donnerait des coïncidences d'images et non point des raisons.

Or, un fait irrécusable est que nous cherchons à comprendre. Là est la science. Cela nous conduit à construire une liaison intelligible de phénomènes : par exemple à déduire la position des billes sur un billard des lois générales du mouvement. C'est pourquoi au rebours de l'expérience errante qui ne donne que des images confuses, la science permet la construction de concepts. La vitesse est pour le vulgaire une qualité irréductible, une donnée de la perception. Le savant s'en fait une idée claire qui est le quotient de l'espace par le temps. De là il peut déduire une série de conséquences que le vulgaire jugera toujours mystérieuses. Supposons que des machines bien faites et des papiers quadrillés permettent au premier venu de constater expérimentalement la loi des mouvements uniformes, ou celle du mouvement uniformément accéléré, il ne sera pas pour cela en possession de la vérité scientifique, mais d'une image dont nul ne peut dire qu'elle soit vraie ou fausse. Au contraire le savant comprend ces lois comme des conséquences de la permanence de l'inertie et de l'indépendance des effets des forces : deux principes que son esprit admet *à priori* comme ne pouvant être niés sans absurdité. La vérité scientifique est ainsi dans la déduction correcte à partir de principes clairs posés au préalable par l'esprit. C'est pourquoi les mathématiques sont le type de la science, Elles permettent à l'esprit de s'affranchir de la sujétion des sens. Pour le vulgaire, un cercle est une suite de débris de coquilles sur une planche peinte. Pour le savant le cercle est le lieu géométrique des points équidistants d'un même point fixe. La science de l'étendue n'a donc rien à voir avec la grossière image que nos sens nous donnent de l'étendue. Faire de la géométrie avec des figures, c'est, à un degré un peu plus élevé, exercer le métier de l'arpenteur. Le géomètre ramène l'étude des figures à la science des nombres. A son tour le mécanicien ramène l'étude des changements d'état des corps à la connaissance des mouvements.

Ainsi s'établit une hiérarchie intelligible de notions qui s'impliquent les unes les autres et qui rendent compte de l'univers. Mais qui ne voit que cette connaissance du second genre, si elle nous fait atteindre les idées vraies, n'est point encore parfaite ? La marche dialectique des idées n'a de sens que pour un esprit borné comme le nôtre. Un entendement divin apercevait d'un seul coup l'ensemble des vérités universelles. Là est la connaissance du troisième genre ou intuition intellectuelle ; elle consiste dans une appréhension immédiate de l'intelligence. Si je considère la proposition $\frac{2}{4}=\frac{3}{x}$ je puis avoir la confiance dans la coutume, me rappeler cette règle d'arithmétique selon laquelle le produit des extrêmes est égal au produit des moyens ; je dirai donc que x égale 6. C'est ce que font les marchands dans leur négoce. Ils appliquent des recettes en vertu d'une habitude, mais ils n'ont point la science. Cela montre bien que la connaissance par coutume ou par expérience, qui est celle du premier genre, ne peut atteindre la vérité. Ce n'est pas dire qu'elle soit fausse : le marchand aurait bien trouvé que x égale 6, mais le problème de l'erreur ne peut se poser que corrélativement avec celui de la vérité. La connaissance du premier genre n'est ni vraie ni fausse.

Que si, au contraire, je vois que x doit être uni à 3 par la même relation de duplication qui unit 4 à 2, je saurai de science certaine que $x = 6$. Ce sera la connaissance du second genre, qui fait arriver à la vérité par la voie du raisonnement explicite.

c) L'intuition intellectuelle. — Mais sans expliciter mon raisonnement, je puis voir tout d'un coup et comme sous l'inspiration d'une lumière intérieure que $\frac{2}{4}=\frac{3}{6}$, je n'aurai même pas besoin de substituer expressément le nombre 6 au symbole x. La substitution se fera d'elle-même, par l'exigence interne du rapport. Là est la connaissance du troisième genre, celle qui fait que nous pouvons comprendre Dieu. En tout cas, c'est elle qui donne la certitude à la connaissance du second genre. N'avons-nous pas dit que la vérité scientifique consistait dans la déduction correcte à partir de principes clairs posés au préalable par l'esprit ? Ces principes clairs sont l'objet de la connaissance intuitive. Nous saisissons par un acte indivisible de l'esprit que deux triangles égaux à un troisième sont égaux entre eux, ou qu'une force appliquée à un mobile pendant un temps $t'-t$ s'ajoute constamment à elle-même. Ce sont ainsi les axiomes, les postulats et les définitions qui nous sont livrés par la connaissance du troisième genre.

d) Le réalisme du savoir. — A vrai dire, il semble que nous saisissions quelquefois en nous, par une torsion de l'esprit, un quatrième genre de connaissance, qui nous donnerait comme l'être formel des idées. J'ai en moi l'idée de Pierre. Mais je sais que j'ai cette idée en moi. Et je sais que je sais que j'ai cette idée en moi. Détour de la réflexion qui surajoute à l'idée de Pierre l'idée de cette idée et l'idée de l'idée de cette idée, et ainsi indéfiniment. L'idée de l'idée traduirait ainsi une fécondité formelle indéfinie de la pensée. L'idée de l'idée serait une forme de l'idée en tant que cette idée est considérée comme mode de pensée, abstraction faite de toute relation avec son objet. Considérer l'être formel des idées, ce serait peut-être la connaissance réflexive. Mais l'idée de l'idée n'est rien de plus que l'idée. Savoir qu'on sait n'ajoute rien à ce qu'on sait. Et tout ce que nous apprend cet effort, c'est que nous ne pouvons saisir la pensée sans objet, ou ce qui revient au même, que la pensée sans contenu n'est pas pensable. En d'autres termes, la pensée n'est pas objet pour elle-même. Définir la réflexion, c'est encore réfléchir, et réfléchir, c'est réfléchir sur quelque objet. Et plus on réfléchit, plus on s'enfonce dans l'objet. Il n'y a donc point de connaissance du quatrième genre.

2. Le corps. — Ma pensée est la pensée d'un objet. Voilà qui, provisoirement du moins, doit m'inciter à croire qu'il n'y a pas au monde que ma pensée. Déjà essayant de déterminer les différents genres de la connaissance, j'ai été amené à distinguer de la connaissance véritable, où les notions s'impliquent les unes les autres de l'intérieur, une fausse connaissance où tout est extérieur à tout.

a) Les corps. — Cette fausse connaissance n'est fausse que si nous voulons y puiser des renseignements sur la nature de l'esprit. Mais en tant qu'elle existe et qu'elle a une réalité, elle ne saurait être sans raison. Elle exprime en effet les événements matériels. D'abord elle exprime les états de mon corps. Je vois le soleil à deux cents pas, c'est-à-dire mon œil et mes muscles sont affectés comme s'il me suffisait de marcher deux cents pas pour toucher cette boule jaune qui s'appelle « soleil ». Mon erreur est de croire que le soleil est, effectivement, à deux cents pas, mais non de l'y voir. Est-ce donc mon corps que je connais ainsi ? Oui, mais mon corps lié à tous les autres corps de l'univers et dont je ne puis le séparer. Je n'en puis donc tirer aucune connaissance systématique des corps. Aussi bien ne s'agit-il pas ici d'étudier systématiquement les corps, ce qui serait revenir aux modes de la pensée ; mais d'essayer de voir ce que pourraient être les corps, abstraction faite de la pensée.

Je vois ainsi que l'ordre des corps est celui de l'extériorité. Il n'y a pas de raison dans les corps. Disons que, pour eux, il n'y a pas de lois exprimant leur nature intrinsèque, leur essence, il n'y a que des faits bruts, des existences. La Pensée est *une*, et se suffit à soi-même. Les corps sont composés : par là ils montrent que nul d'entre eux ne se suffit à soi-même et qu'ils sont tous dans une mutuelle dépendance. Pas de raisons des changements, mais des événements fortuits et transitoires. Nul ne peut savoir s'il passera une voiture sur la route d'ici un quart d'heure. Nul ne peut savoir si cette voiture heurtera ou ne heurtera pas la borne du carrefour. En revanche ce que tout le monde sait fort bien, c'est que cette voiture s'usera, que le propriétaire et les chevaux mourront. Les corps, comme tels, ne durent pas et ne sont pas objet de science. Les idées au contraire. Par exemple, je sais que si je fais tourner un demi-cercle autour de son diamètre, il engendrera une sphère. Je puis prédire tout ce qui arrivera au cercle. Je sais aussi que le cercle est indestructible. Nulle puissance au monde ne fera que le cercle ne soit le lieu géométrique des points équidistants d'un même point fixe.

b) L'étendue. — Que sont donc les corps ? Descartes a montré par l'immortel exemple du morceau de cire comment les corps étaient des déterminations particulières de l'étendue. Nous nous en doutions déjà, en considérant que l'ordre des relations corporelles était celui de l'extériorité. Cela nous permet d'éviter l'erreur de quelques philosophes qui confondant l'étendue et les corps ont cru que l'étendue était divisible à l'infini. Les modes de l'étendue, les objets matériels sont divisibles dans l'étendue, mais rien ne pourrait être divisé dans l'étendue si l'étendue était divisible. L'étendue est rigoureusement indivisible, donc immobile. Elle a tous les attributs de la divinité. Au point de vue de l'existence, l'étendue est la forme du vrai absolu. Le réel des corps n'est réel que parce qu'ils sont liés absolument et réciproquement à tous les corps de l'univers. La géométrie est l'union de tout à tout dans l'existence, la pensée étant l'universelle liaison des essences. Ainsi l'étendue se suffit à elle-même et elle constitue un point de vue complet sur les choses.

*
* *

3. Le monde. — Il ressort clairement de ce qui précède, que n'importe quoi au monde, et par suite le monde lui-même, peut être considéré soit comme pensée, soit comme étendue, c'est-à-dire comme détermination extrinsèque ou essence, et comme détermination intrinsèque ou existence. Le cercle en essence, c'est le lieu géométrique des points équidistants d'un même point fixe ; le cercle en existence, c'est l'imitation grossière faite par le graveur sur la planche de cuivre ou par l'écolier sur le tableau. C'est ce que disait, mais plus confusément, le divin Platon lorsqu'il distinguait les idées et leurs ombres. Socrate en essence, c'est le sage qui s'est élevé à la contemplation du Vrai et à l'amour de la Divinité ; Socrate en existence, c'est le mari de Xanthippe et le citoyen d'Athènes.

a) La substance. — Il en est du tout comme du cercle et comme de Socrate : on peut le considérer sous l'attribut de l'Etendue ou sous l'attribut de la Pensée. Mais avant d'expliquer les rapports du Tout avec l'Etendue ou avec la Pensée, il faut bien se pénétrer de cette vérité que l'Etendue ou la Pensée sont des points de vue et non des choses. L'erreur de Descartes a été de réaliser la Pensée et l'Etendue et d'en faire deux « substances ». Mais d'une part la substance est ce qui demeure, ce qui n'a besoin, pour être, d'aucun secours extérieur : elle est ce qui n'existe que par soi et ne peut être conçu que par soi. D'autre part, la Pensée est toujours la pensée de quelque chose et l'Etendue est toujours l'étendue de quelque chose. Ce quelque chose, à la limite, c'est le Tout. La Pensée et l'Etendue sont ainsi des manières de voir le Tout : des attributs de la Substance.

On peut encore prouver d'une autre manière qu'il ne saurait y avoir deux substances. Car ou l'une sera extérieure à l'autre, ou elle lui sera intérieure. Mais si elle lui elle lui est extérieure, elle soutiendra avec elle des relations : ce ne seront plus des substances. Et si elle lui est intérieure, elle se réduit à celle qui l'enveloppe et il n'y plus qu'une substance. C'est ce que nous voyons, si nous voulons prendre garde à ceci que l'Etendue n'est au demeurant qu'une manière de penser. Le Tout ou la Substance, c'est en somme la Pensée du Tout ; et ainsi il apparaît que la Substance est Idée : ce qui est la réfutation du matérialisme.

b) Les attributs. — Il n'en reste pas moins que l'on peut penser de deux manières irréductibles : l'une où les choses s'impliquent les unes les autres éternellement par une nécessité intérieure, l'autre où les choses s'excluent les unes les autres accidentellement par les contraintes extérieures. Cela montre l'erreur de ceux qui ont pensé que les deux attributs déroulaient parallèlement leurs modes. Deux parallèles satisfont à de mêmes conditions. Ce sont deux droites. Elles font même angle avec une droite donnée. Elles ne diffèrent que par leur position dans l'espace. Deux sécantes quelconques déterminent sur elles des segments proportionnels. En un mot, elles appartiennent au même ordre de relations, et elles correspondent entre elles terme à terme, segment à segment. Qui ne voit que cela ne s'applique nullement à l'étendue et à la pensée ? Elles constituent deux ordres opposés de relations : comme deux langages dont l'un ne pourrait pas traduire l'autre. Quel rapport, quelle correspondance, quel parallélisme peut unir le cercle tracé au tableau avec ma pensée que le cercle est le lieu géométrique des points équidistants d'un même point fixe ? Il faudrait qu'il y eut des morceaux de pensée comme il y a des particules de craie, mais la marque de la pensée c'est précisément d'être une et indivisible, et tout entière en elle-même à chaque moment.

Il en est des choses singulières comme du tout. En particulier il en est de même des hommes. Socrate est un mode de l'étendue et un mode de la pensée. Il est un corps et une âme. Son âme est l'idée de son corps et l'idée de l'univers et l'idée des autres idées, mais elle est tout cela à la fois et par un acte simple. Sans doute, l'on peut bien dire que la pensée que Socrate a de l'Univers et l'état de l'Univers sont liés, mais ces deux choses sont liées parce qu'au fond elles sont rigoureusement la même chose. En ce sens, ce n'est même pas la pensée de Socrate qu'il faudrait dire, mais la pensée de l'Univers. Et dire qu'elle est liée à l'Univers, c'est énoncer un jugement analytique. Que serait l'Univers, hors de la pensée de l'Univers ? En somme cela revient à affirmer qu'il y a la Substance, et qu'elle est une. Mais cela ne nous apprend rien de plus que nous ne savions tout à l'heure. En réalité, ce qu'on affirme, c'est qu'il y a une correspondance entre tel état de mon corps, abstraction faite du reste de l'Univers, et telle de mes pensées, abstraction faite du reste des pensées.

Mais c'est là diviser l'indivisible. Ceux qui disent cela à la suite de Descartes, oublient que l'ordre et l'enchaînement des choses et des idées sont un seul et même ordre, un seul et même enchaînement. L'Univers est l'Univers. Quelle idée claire et distincte a donc Descartes d'une portion de pensée unie à une portion d'étendue ? Il prend un changement de méthode pour un changement d'être. Pur non-sens.

Maintenons donc que l'Etendue et la Pensée se suffisent chacune à soi-même. Elles sont un point de vue complet sur les choses. Tel est le sens du mot « attribut ». Par où l'on saisit l'ordre et l'enchaînement des idées fondamentales : dire qu'il y a une Substance que nous percevons sous deux attributs et dans les modes de ces attributs, c'est simplement exprimer la manière dont nous pensons les choses.

*
* *

4. Les passions. — Il arrive, et nous l'avons déjà vu, qu'une fausse exigence de simplicité entraîne à confondre les deux attributs. C'est là l'origine des erreurs et des passions. C'est même là la seule erreur et la seule passion qui est de confondre la pensée et l'étendue, l'âme et le corps, l'imagination et l'entendement. Pour parler correctement, et puisque toute idée, en tant qu'elle est claire et distincte, est une idée vraie qui implique tout le système des idées, et puisque toute idée en tant qu'idée est claire et distincte, il ne saurait y avoir d'idée fausse ou erronée.

a) L'erreur. — L'erreur n'est point dans les idées. Elle n'est pas non plus dans les corps : je vois le soleil à deux cents pas, et il est vrai de dire que je vois le soleil à deux cents pas, comme il est vrai de dire que je vois brisé le bâton plongé dans l'eau. L'erreur est de prendre le corps pour la pensée, de croire que l'idée est dans l'image. C'est ce qu'il est aisé de montrer. Comment l'erreur serait-elle dans la connaissance ? Autant dire que l'erreur serait dans la vérité, et cela est absurde. Mais l'erreur n'est pas non plus dans la non-connaissance, puisque là où n'est point la raison il n'est ni vérité ni fausseté. L'erreur est donc un rapport illégitime entre l'ordre des corps et l'ordre des esprits. Descartes a cru que c'était la volonté qui affirmait ce rapport. Mais parler de la volonté séparée des idées, c'est parler de l'humanité séparée des hommes. En réalité apercevoir une idée comme vraie et l'affirmer comme vraie sont une seule et même opération. Il ne faut donc point distinguer entendement et volonté comme deux facultés distinctes. Je veux ce que je pense. La racine de ma volonté est dans mon entendement, dans ce qui m'apparaît comme mon entendement. D'où il suit que l'erreur est bien dans ce fait que je prends pour une connaissance une pure imagination. Mais prendre l'imagination pour la connaissance, c'est positivement ne rien dire. Que si je parle d'un cercle dont les rayons sont inégaux, il est évident que j'énonce des mots vides de sens. Que si je me trompe dans un calcul, par exemple, si je dis que trois fois sept font vingt-quatre, n'est-il pas évident que j'ai dans l'esprit d'autres chiffres que ceux que j'ai prononcés ? De même celui qui s'écrie : « Ma cour s'est envolée dans la poule de mon voisin ! » ne veut-il pas clairement dire autre chose que ce qu'il dit ? Ainsi il n'y a point d'idées fausses : il n'y a que des pensées mal exprimées, ou du pur bavardage. Mais on ne pense pas le faux. Le faux est inexistant.

L'erreur est de croire que l'on pense le faux, que la sensation est de même nature que l'idée. Ainsi ceux qui prétendent scruter les secrets de la nature, les géologues qui vont voir le volcan pour étudier son éruption, ceux-là sont victimes de cette illusion qu'il y a une science des événements de l'existence. Sans doute, un entendement parfait comme celui de Dieu, — et nous verrons plus tard en quel sens on peut parler de l'entendement divin — connaîtrait absolument ces existences, et pour lui il n'y aurait plus d'événenents. Mais nous ne connaissons pas toutes les causes, et c'est même là ce que nous appelons contingence. Bien plus, il est impossible, il est absurde que nous connaissions toutes les causes, car nous ne pourrions penser la totalité des causes qu'après énumération et ne pouvons supposer sans cercle vicieux que cette énumération est complète. Donc il n'y a point pour nous de science de l'événement. Il ne peut y avoir qu'une imagination confuse, une connaissance du premier genre.

b) La passion. — Savoir que la connaissance du

premier genre est du premier genre, c'est être affranchi de l'erreur. C'est aussi être affranchi des passions. En effet, une illusion presque invincible nous pousse à croire que notre connaissance sensible est une vraie connaissance. Nous raisonnons alors sur des événements et nous relions des faits de l'étendue avec des semblants de pensées.

Mon essence qui m'exprime comme un mode de la Pensée est indestructible. Rien ne peut contre elle comme rien ne peut contre l'essence du cercle. Mais je puis détruire le cercle de métal, ou effacer le cercle gravé. De même pour mon corps. L'essence de mon corps est de durer, car l'essence de n'importe quoi est de durer. Mon corps existe, et mieux il se porte, plus il existe. C'est ce qu'on exprime en disant qu'il désire durer, ou qu'il tend à durer. Mais ce désir, cet effort n'impliquent aucune virtualité, aucune puissance qui tendrait à passer à l'acte. Rien de moins clair que l'hypothèse dynamiste. Rien de plus clair par contre que cette idée « tout est réalisé ». Mon corps existe et c'est là son désir d'être. Le sentiment que j'ai qu'il est affecté d'une manière satisfaisante s'appelle ma joie.

Mais les corps se heurtent dans l'existence et se détruisent. Un corps ne peut jamais être détruit par sa nature, sans cela il n'existerait pas. La destruction est un fait extrinsèque, un fait mécanique. Ce qui tend à détruire mon corps, ou plutôt ce qui le détruit déjà en partie m'affecte d'une certaine manière que j'appelle tristesse.

Joie et tristesse, qui sont des états du corps, sont la source des passions. Il ne faut point croire qu'il y ait une troisième passion fondamentale qui s'appellerait le

désir. Le désir de vivre et la joie de vivre ; le désir de
ne point souffrir et la tristesse de souffrir, c'est là une
seule et même chose. Ma santé, bonne ou mauvaise,
engendre mes passions. Jusqu'à présent il ne paraît
pas que cela puisse être. Cela ne serait jamais si je
tenais ma santé pour ce qu'elle est : pour un état de
mon corps. Mais en même temps que j'éprouve telle
sensation organique, je vois telle personne, je me
livre à telle occupation. Ce sont là de pures coïncidences. Malgré tout, je veux raisonner sur ces faits où
il n'y a nulle raison, et je dis que cette occupation,
que cette personne sont cause de ma joie ou de ma
tristesse : je dis alors que je les aime ou que je les
hais.

Donc, aimer quelqu'un, c'est être joyeux en sa présence, haïr quelqu'un, c'est être triste en sa présence.
C'est là tout le secret des passions. Elles se combinent
avec notre ignorance pour nous tourmenter avec des
chimères. Nous savons bien d'avance que tout événement est inévitable. Mais dans la perception il paraît
contingent. Selon que nous sommes gais ou tristes,
selon que cette contingence se rapporte au passé ou
au futur nous sommes pleins d'espérance ou d'anxiété,
de contentement ou de désespoir.

Il arrive souvent que je ne sens pas l'état de mon
corps ; mais il peut être secrètement malade ou fonc-
tionner parfaitement sans que j'y prenne garde. Il suffit
alors de la moindre impression pour qu'à son occasion
je devienne conscient de l'état de mon corps. L'association des images est sans limite : tout est associé
avec tout. Je crois que l'image est cause de ma santé :
par exemple, j'imagine que Pierre est cause de ma
joie ; je dis que j'aime Pierre. Que je sois moins bien

portant et une autre association me représente Jacques voulant nuire à Pierre : je dis que je hais Jacques.

Le mécanisme de mes passions est ainsi le mécanisme de mon corps. Seulement mon corps n'est pas isolable, il est lié à tous les autres corps dans l'étendue. Une forte dépression raréfie l'air. Ma respiration est gênée. Je suis triste. Au contraire, le baromètre a remonté, l'air est sec, le soleil brille, je me sens léger, j'ai de la joie. Mais les variations de la pression atmosphérique sont solidaires des variations du Tout. C'est pourquoi la seule chose exacte qu'au fond l'on puisse dire des passions, c'est que ce sont des faits de l'Univers. Mais ces faits de l'Univers, ces faits du corps, nous les prenons pour des faits de pensée. Nous croyons penser, alors que nous déraisonnons. Ainsi disent les fous. Si je pensais ma passion à sa place dans le monde, je n'aurais pas de haine. Mais je ne la pense pas à sa place, je veux qu'elle me tienne lieu de pensée et ainsi je me livre à la domination de mon corps. L'Écriture dit de l'homme débauché qu'il est rendu pareil aux bêtes sans raison. On peut en dire autant des envieux, des fourbes, des ambitieux, des cruels, de tous ceux qui sont en proie aux passions.

On ne peut donc point lutter contre la passion par la raison ; au contraire, profitant de la sédition intérieure, la passion essaie de captiver la raison et elle nous suggère des imitations de raisonnement pour nous convaincre que nous aimons ou que nous haïssons à juste titre. La raison est toujours battue, dans cette lutte.

Aussi bien, de même que l'erreur, la passion a sa raison d'être dans l'ordre des corps. Il est vrai que je suis malade. Il est vrai que je me porte bien. Tout mon tort est d'affirmer que Pierre ou que Jacques est la cause de ma bonne santé ou de ma maladie. Je n'ai donc qu'à séparer mes jugements et la conscience que j'ai des états de mon corps. De la sorte je ne dirai point : j'ai du ressentiment, ou : je désire me venger, mais simplement : je suis malade et je tâcherai de me guérir.

Voilà donc que nous sommes parvenus au seuil de la Morale. Nous n'avons point parlé de la Vertu, mais déjà nous savons comment parvenir à la Vérité et éviter les passions. Nous savons qu'il y a deux ordres de connaissances, qui sont tous deux vrais, à leur place : l'ordre des esprits et l'ordre des corps. Confondre ces deux ordres, c'est tomber dans l'erreur, et se soumettre aux passions. S'il fallait, à la manière des anciens, adresser une prière à la divinité avant de continuer notre recherche, nous lui demanderions de nous aider à tenir les images pour des illusions, et les passions pour des maladies. Telle est la condition fondamentale de l'épuration de l'intellect, et de la marche vers la vertu.

CHAPITRE II

LA CITÉ

« La sûreté est la vertu de l'Etat. »
(*Traité politique*, I, 6.)

1. Le citoyen. — La plupart des hommes sont loin de comprendre la vérité de la morale. Ne sachant point rapporter à l'ensemble des corps les maladies ou les malaises de leur propre corps, ils jettent le trouble en eux et autour d'eux. Celui qui tâche à penser, s'efforce de voir les choses dans leur totalité et il se déprend de soi-même. Mais celui qui attache à la partie plus d'importance qu'au tout et à son corps plus qu'aux idées ne peut pas se quitter soi-même, car il rapporte toutes choses à soi, il oublie qu'il y a d'autres hommes, et qui existent.

a) L'égoïsme et l'anarchie. — Lorsque Salomon vit Bethsabée qui prenait son bain, il la désira. Mais il pensa qu'elle était la femme de l'officier Urie, et il eut de la haine pour Urie jusqu'à ce qu'il l'eût fait mourir. De même aussi, l'amour de l'argent et le désir des honneurs engendrent la division parmi les hommes, car l'argent et les honneurs sont limités, et nos désirs ne connaissent pas d'autre mesure que notre force. Lorsque les généraux de Rome désiraient l'Empire, ils n'hésitaient pas à sacrifier des milliers d'hommes pour l'obtenir. Lorsqu'il y eut quatre empereurs, ils regrettèrent tous de n'avoir qu'une partie de la puissance totale. Chacun d'eux imagina quelle somme de plaisir serait pour lui la possession unique de l'Empire. Il pensa que ses trois collègues le privaient de cette jouissance, et les guerres civiles reprirent.

Cela montre combien il est faux d'attribuer à l'orgueil des grands les malheurs qui fondent sur les peuples. Il faut les attribuer à tous ceux qui se figurent qu'ils ont des droits à une jouissance. Dans tous les cas, le mécanisme des amours et des haines est rigoureusement le même.

C'est pourquoi nulle cité ne serait possible si les hommes étaient tous leurs propres esclaves. Heureusement il n'arrive jamais que le conflit des passions se présente avec cette simplicité. Si je m'attriste de voir mon ennemi dans la joie, on ne peut dire que ce soit là une pure tristesse, car pour me le représenter dans la joie, il faudra bien qu'il y ait un peu de joie en moi. Et puis mon ennemi est un homme, un être semblable à moi. Sa joie est celle d'un être semblable à moi, une joie semblable à celle que je pourrais éprouver. Ma haine est diminuée par là même.

b) Les passions sociales. — D'autre part, sans avoir jamais une certaine passion, il suffit que je vois un être semblable à moi éprouver cette passion pour l'éprouver moi-même. Par exemple : je n'ai jamais pensé au tyran, je ne l'ai jamais aimé et haï. Mais je vois Harmodius qui hait le tyran et qui veut le tuer. Sans connaître Harmodius, mais simplement parce qu'il est un homme comme moi, et qu'il me ressemble, et que je pourrais être à sa place, moi aussi je veux tuer le tyran, j'entre dans le complot. Cela est encore plus visible dans les foules. Pourquoi des cortèges parcourent-ils les rues, en acclamant ou en injuriant les hommes publics ? Pourquoi, surtout, y a-t-il dans ces cortèges des gens qui n'en savent point la raison ? Tout simplement parce qu'ils ont vu des hommes qui criaient. Auparavant, ils ne pensaient point à crier ; sans doute leur pensée était-elle fort loin du consul ou du sénat. Il leur a suffi de voir les passions politiques affecter d'autres hommes, pour les sentir naître en eux.

C'est ce qui montre comment, sans faire appel le moins du monde à la raison, les hommes peuvent oublier leurs passions personnelles pour éprouver des passions communes qui les rapprochent. Il y a, selon toute vraisemblance, dans la même foule agitée des mêmes passions, des hommes qui auraient mille raisons de s'opposer et de se haïr. Tout cela est oublié par la vertu de l'imitation des passions. Et c'est déjà le germe de la cité.

Ainsi le désir d'une chose se produit en nous parce que nous nous représentons nos semblables animés du même désir. Nos semblables, ce sont les gens, et ils sont nombreux, pour qui nous n'avons jamais ressenti aucune passion. C'est dire que nous aimons mieux être comme eux, pour trouver dans cette ressemblance des sujets de joie. C'est dire que, d'avance, nous ne tenons pas à voir les autres hommes nous haïr, parce que ce spectacle est cause de tristesse en nous. C'est pourquoi nous nous efforçons de faire les choses que nous imaginons que les hommes verront avec joie et nous avons de l'aversion pour celles qu'ils verront avec aversion.

c) L'égoïsme et l'ordre. — C'est là le fondement de

la cité. On voit par là combien certains philosophes ont eu tort de croire que la cité reposait sur un accord exprès et rationnel. Tout au plus un pareil accord pourrait-il donner naissance à la cité des sages. Mais les esclaves n'auraient point obéi à la raison. Si donc ils ont paru agir par raison, c'est qu'ils avaient en eux quelque passion qui ressemblait, du dehors, à la raison. La cité est l'expression des passions sociales.

Seulement elle ne jouit ainsi que d'une existence précaire. Car les passions individuelles sont les plus fortes. Mon amour ou ma haine pour Pierre ou pour Jacques que je vois, que j'imagine aisément, passent en moi avant ma sympathie pour les nombreux citoyens que je n'ai jamais vus et dont je n'ai qu'une représentation vague et confuse. Ainsi l'ordre social est sans cesse menacé et sans cesse remis en question.

Si la cité était fondée en raison, cela n'arriverait jamais. Nous avons précisément vu qu'elle était fondée en passion. C'est pourquoi nulle raison ne peut faire que nous ne nous affirmions de toute la force qui est en nous.

J'existe. Qui pourrait limiter mon existence sinon une autre existence ? Je puis faire tout ce que je fais. Et je fais tout ce que je veux faire, dans la mesure où les corps étrangers ne s'y opposent pas. Ainsi mon pouvoir d'agir qui, au point de vue de l'étendue, est tout mon droit, est mesuré par mes actions effectives. Mon droit s'exprime par ma force. Mais ma force n'est pas inscrite dans les livres du Destin : il y a un moyen infaillible de vérifier ma force, c'est la lutte. Cela nous montre bien que la cité n'est pas de droit naturel. Elle est un compromis ingénieux entre le droit naturel et les passions sociales. Nous savons bien que nous aimons l'approbation publique, la sécurité, la paix. Nous redoutons de les perdre, parce que les perdre, c'est en même temps imaginer des causes innombrables de tristesse. Nous ne voulons pas que les autres nous les fassent perdre. Nous leur demandons de nous sacrifier un peu de leur droit naturel. En revanche, nous leur sacrifierons un peu du nôtre. Est-ce donc par une notion de l'égalité ou par raison ? Non. Simplement par calcul, intérêt, passion. Voici pourquoi. On dira bien que notre intérêt serait de ne rien donner aux autres en échange de ce qu'ils nous donnent. Mon intérêt serait de pouvoir seul satisfaire mes désirs, alors que nul autre ne le pourrait. Mais qui donc consentirait à faire avec moi ce contrat de dupe ? Il faudrait qu'il fût bien sot. Et dès lors quel avantage aurais-je à faire contrat avec les sots ? Ou plutôt il faudrait que mes concitoyens fussent avisés en songeant à mon utilité, aveuglés en songeant à la leur. Condition sinon impossible (il n'y a d'impossible que pour la raison) du moins hautement improbable. Et c'est assez pour que je n'y attache point confiance. Ma seule ressource sera de contracter des engagements qui soient aussi profitables aux autres qu'à moi. Afin donc que je puisse vivre en paix, afin que mes concitoyens puissent vivre en paix il est nécessaire que nous nous engagions mutuellement à ne rien faire qui puisse tourner au détriment d'autrui. Par où il apparaît que le seul moyen qui permette aux passions de se nourrir elles-mêmes est d'imiter la raison, et de conseiller par intérêt ce que la raison commande comme juste.

On dira : nul contrat historique n'a présidé à la formation de la cité. Sans doute. Nulle délibération, nulle raison n'est intervenue. Mais non plus, nulle délibération, nulle raison, nul contrat historique n'a présidé à mon amour ou à ma haine. La force des passions est précisément qu'elles s'imposent comme des faits extérieurs à toute raison. Les passions sociales comme les autres. C'est pourquoi le droit naturel pur est une fiction, c'est pourquoi aussi il serait vain de rechercher comment les sociétés humaines se sont formées. Il n'y a pas là de raison, il n'en faut point chercher. Il n'y a que l'expression d'une passion universelle, d'une des conditions universelles de la nature humaine, du point de vue de l'existence. Aussi tous les hommes, barbares et civilisés, vivent-ils en société.

*
* *

2. Le gouvernement. — D'ailleurs, si la cité était véritablement rationnelle, le contrat serait respecté librement par la seule force de la raison.

Nous savons bien qu'il n'en est rien. Même le raisonnement, ou plutôt, l'apparence de raisonnement implicite que nous avons fait pour adhérer au contrat, s'il a eu la force de nous déterminer en l'absence de toute passion violente, sera impuissant contre le désir de la vengeance ou la sensualité. La passion se doit à elle-même de garantir le respect du contrat. Elle ne le peut que par ses propres forces : c'est-à-dire encore par passion.

a) La fonction gouvernementale. — Les corps s'excluent les uns les autres dans l'étendue : ainsi en est-il pour les passions : elles s'excluent les unes les autres, et ce sont les plus fortes qui demeurent. Je m'abstiendrai donc de violer le contrat, si je dois en recevoir un mal plus grand que le plaisir que je pourrais en retirer. Ainsi je ne pourrai pas nuire à autrui. Mais si autrui le mérite ? La question n'est pas là. Il faut poser comme règle que jamais un simple particulier ne sera autorisé à nuire à autrui : Pourquoi ? Parce que l'ordre et la paix l'exigent ainsi. La société exige que je lui remette mon droit naturel, ce droit naturel abstrait qu'en fait je n'ai jamais possédé, mais que je pourrais être tenté de prendre. La société disposera du droit de punir les fautes ; elle jugera donc de ces fautes : elle discernera le bien du mal. Et elle donnera pour sanction aux fautes, non pas la raison, qui ne peut rien sur les appétits, mais la punition. Car la crainte, si elle n'est pas le commencement de la sagesse, étant le contraire de la sagesse, nous incite du moins à imiter la sagesse dans nos actions et à nous conduire comme si nous étions vertueux. Et c'est tout ce que la société demande.

La société ainsi armée du droit de punir, c'est l'Etat : Désormais, une autorité extérieure contraindra les égoïsmes à s'harmoniser. L'anarchie est définitivement évitée.

b) Les gouvernements. — Encore y a-t-il plusieurs moyens d'assurer l'ordre dans la cité. Les citoyens peuvent s'assembler pour gouverner, ou tout au moins pour élire des magistrats qui tiendront tout leur pouvoir de la volonté du peuple. Ou bien le choix des magistrats peut être réservé à un petit nombre de citoyens privilégiés sur qui repose la charge entière des affaires publiques. Ou enfin, ce peut être un seul homme à qui incombe le salut de l'État et qui nomme à son gré les généraux et les juges. Ainsi, selon le cas, l'État sera Démocratique, Aristocratique ou Monarchique.

Mais il ne faudrait point croire que la marche des événements historiques puisse nous fournir la moindre indication sur ce qui est conforme aux décrets de la saine raison. Tout cela est événement, imagination, connaissance du premier genre. Il faut en vérité pénétrer jusqu'à l'essence des gouvernements pour se permettre de porter un jugement sur eux. Or, si nous voulons voir ce qui est utile à la société, mais ce qui est vraiment utile, et en idée, nous nous rendrons compte que la Monarchie est le pire des gouvernements. Sans doute il est capable d'assurer l'ordre matériel. Il suffit pour cela d'appliquer certaines règles que l'illustre Secrétaire Florentin a posées dans ses ouvrages. Par exemple, il est bon que la capitale soit fortifiée à l'exclusion des autres villes du royaume : il est utile que le monarque soit assisté d'un conseil choisi pour trois, quatre ou cinq ans et renouvelable par tiers, quart ou cinquième. Mais ces précautions et toutes celles que l'on peut encore prendre, à mesure qu'elles affermissent le pouvoir du roi, l'affaiblissent. C'est le paradoxe du gouvernement monarchique que le monarque soit d'autant moins puissant que son pouvoir est plus absolu. Plus l'autorité du monarque est souveraine, et plus sa situation devient objet d'envie. A l'envie des sujets répond la défiance du monarque. Il se défie des hommes riches qui pourraient soudoyer des troupes et fomenter des émeutes, et il confisque leurs biens. Il se défie des hommes justes qui blâment son arbitraire et il les emprisonne. Pour que son pouvoir soit fermement établi dans sa famille, il faut qu'il soit indivisible et transmis de mâle en mâle par ordre de primogéniture. Il devrait donc s'appliquer à former en son fils aîné quelqu'un qui fût son digne successeur. Mais par là, il excite la jalousie de ses autres fils. Par là également, il donne à son fils aîné des mobiles puissants pour désirer lui succéder avant l'heure. Et l'exemple de Sennachérib tué par ses fils montre que ce n'est point une crainte vaine. Ainsi donc, il redoute ses fils, et il leur fait donner une éducation abrutissante. En sorte que, s'il n'est pas renversé par une révolte de ses sujets, cela arrivera du moins fatalement à son successeur. Par où il apparaît que le gouvernement monarchique n'est point source de paix et de concorde. Au surplus il y a un autre motif qui doit le rendre odieux à tous ceux qui aiment la droite raison. C'est que nulle liberté n'y est tolérable de peur qu'elle ne mette le trône en péril. Ainsi les destinées d'un pays sont remises, hors de tout contrôle, entre les mains d'un seul. Or, les passions n'ont que trop d'empire sur les hommes. A plus forte raison s'ils se savent soustraits à toute règle. C'est pourquoi le règne d'un monarque est si souvent le règne d'une prostituée ou d'un mignon. Voilà de quoi rougissent les hommes raisonnables. Et s'il est vrai qu'il n'y a point de paix en dehors de la justice, point de liberté hors de la raison, on est fondé à dire que l'État Monarchique ignore ces deux biens, à moins que l'Etat du Grand Turc ne semble les posséder.

La puissance de l'Etat est plus affermie dans la cité Aristocratique. En particulier il est plus facile que dans une monarchie d'éviter la tyrannie militaire. Mais cela peut encore arriver, comme l'histoire de la République Romaine en fait foi, et il importe d'y parer.

Tout d'abord, il faut que les patriciens soient en grand nombre et se recrutent par élection, non par hérédité. Supposons qu'ils ne soient que deux : l'un s'efforcera d'être plus puissant que l'autre. Mais si l'on divise la puissance publique en un grand nombre de parties, elles seront d'autant moins importantes que les co-partageants seront plus nombreux. Ainsi les risques de coup d'État seront considérablement diminués. D'autre part, plus il y a de patriciens et plus la puis-sance publique est morcelée, moins elle est stable. Il faut donc trouver un juste milieu, et réduire le nombre des patriciens au minimum indispensable pour assurer les fonctions dirigeantes. En particulier il faut veiller à ce qu'il n'y ait pas plus de patriciens que de plé-béiens.

Supposons maintenant que le patriciat soit hérédi-taire, ou, ce qui revient au même, que quelques familles nobles aient seules le droit de choisir les gou-vernants. Il arrivera que des familles s'éteindront, que d'autre seront déchues de leur noblesse. Ainsi l'on s'acheminera vers la monarchie.

L'on ne peut pourtant point songer à faire élire les magistrats par la multitude, ni à porter une loi excluant des fonctions publiques les parents des nobles. Et cela montre clairement que l'État aristocratique est en équilibre entre la démocratie pure et la monarchie pure et que cet équilibre est très difficile à garder.

En réalité, il faudra qu'un assez grand nombre de citoyens d'élite choisissent des remplaçants à ceux d'entre eux qui viendraient à mourir. Ils pourront les choisir parmi les enfants ou les proches des défunts.

Ils pourront aussi les choisir parmi tous les hommes nés dans le pays, et parlant sa langue, à condition qu'ils n'aient point épousé d'étrangère, qu'ils ne s'acquittent point d'un emploi servile et qu'ils mériritent cet honneur. Cinq mille de ces citoyens suffiront à un État de moyenne étendue si l'on veut bien prendre garde que sur ces cinq mille on en trouvera peut-être à peine cent auxquels leurs mérites exceptionnels vaudront de siéger dans les conseils de l'État.

Car l'État sera aux mains des conseils non aux mains d'un seul. Immense avantage : le roi manque souvent d'avis raisonnables. La volonté d'un homme est inconstante. La jeunesse, la maladie, la vieillesse rendent son pouvoir précaire. La mort interrompt la continuité du gouvernement. Les conseils ne manquent point d'avis éclairés, leur pouvoir n'est pas soumis aux infirmités de l'âge, leur volonté est raisonnable, et ils ne connaissent point la mort. D'où l'on voit que leur puissance est plus complète que celle du monarque. Et précisément parce que leur puissance est plus complète que celle du monarque, ils sont plus capables d'assurer la liberté aux citoyens. Nous l'avons vu, il ne saurait y avoir de liberté hors de la raison. Plus le gouvernement mettra de raison dans ses décrets, de continuité dans ses desseins, de justice dans ses actes, et plus les citoyens pourront penser leur rôle dans la cité. Ils seront citoyens non seulement en existence mais en essence. Et la liberté d'un peuple est faite de l'accord rationnel de tous. Ne savons-nous pas comment les passions engendrent la guerre et la servitude ?

Donc l'aristocratie est plus capable que la monarchie de servir la liberté des peuples. Mieux encore que l'aristocratie, la Démocratie sert la liberté. Car elle seule réalise la totalité de la puissance publique. Cela se comprend aisément, puisque le droit, non le bon plaisir, est sa seule base. On peut en effet concevoir un Etat où certaines conditions d'âge, de cens ou d'aînesse conféreraient seules le droit de suffrage dans les conseils suprêmes. Voilà, dira-t-on, un État aristocratique. Nullement, car les hommes politiques qui parviendraient ainsi aux charges publiques ne tiendraient pas leur office du choix et du bon plaisir, mais de la loi. Différence essentielle de principes.

Quoi qu'il en soit, il faut avouer que cela reviendrait au même pour le vulgaire. Aussi est-il préférable d'examiner la forme pure de la démocratie, celle où tous les citoyens de bonne vie et mœurs, en pleine possession de leurs droits civils, ont droit de suffrage dans l'Assemblée suprême. Ainsi sont exclus les étrangers, les femmes, les enfants et les esclaves, et seuls ont droit de suffrage ceux qui sont intéressés à la marche de l'État. Mais du moins tous ont ce droit. Voilà qui donne une autorité singulière aux décisions des conseils. Le roi ou les patriciens pouvaient gouverner contre l'utilité de la multitude et cela mettait leur autorité au péril. Mais la multitude ne gouverne point contre elle-même. Outre que les réunions d'hommes qui délibèrent ne sont pas accessibles aux passions qui tourmentent les individus isolés, car toutes les passions individuelles se contrarient et se neutralisent, les dures leçons de l'expérience redresseront les erreurs d'action.

3. Les lois. — *a) Les lois.* — Toute la cité collaborant à la confection des lois, il arrivera tout naturellement que les lois seront bonnes et justes. Au surplus nous avons déjà vu que le pouvoir suprême appartient à la société à laquelle nous remettons chacun une partie de nos droits naturels. La société peut déléguer un roi ou des patriciens à l'exercice de ce pouvoir souverain. Mais elle peut exercer elle-même ce pouvoir, et non plus par délégation, ce qui est le propre de la démocratie, l'Etat se confond alors avec la société, avec le souverain pouvoir. C'est dire que l'Etat démocratique est juge du juste et de l'injuste. On n'y distingue point entre l'équité et la loi.

Au surplus, quelque absurde que soit une décision du souverain pouvoir, c'est un devoir pour nous de l'exécuter. Et c'est un devoir prescrit par la raison, car la raison nous commande de défendre la société de toutes nos forces pour nous garder de l'anarchie des passions. A moins donc de vouloir être les ennemis de l'État et d'agir contre la raison, il nous faut obéir et de deux maux choisir le moindre.

C'est ce qui explique que les gouvernements aient un droit de contrôle sur les cultes religieux. Il est bon qu'il y ait une religion d'État, et que les cultes dissidents soient strictement réglementés. Car le culte de la religion et l'exercice de la piété doivent être accommodés à la paix et à l'utilité de l'État, et donc déterminés par les souverains pouvoirs seuls, qui doivent aussi en être les interprètes.

b) Le progrès. — Ceux qui combattent ces sages maximes, leur reprochent d'anéantir la liberté. Mais pour soutenir leurs opinions séditieuses ils entendent secrètement par la liberté le pouvoir d'agir à sa fantaisie. Ne savons-nous pas au contraire que c'est le signe des passions et de l'esclavage humain. La liberté véritable est dans l'action juste, c'est-à-dire dans les pensées vraies. Il ne faut donc pas s'inquiéter de savoir si le vulgaire ne verra point opposer de frein à ses caprices, mais si les sages et les hommes qui aiment la raison pourront vivre en paix dans la cité. Si tous les citoyens aimaient la raison, le problème serait vite résolu, car tous seraient d'accord et leur liberté s'exprimerait dans leur volonté unanime. Nous savons qu'il n'en est point ainsi, et que la société est fondée sur les passions et qu'elle assure l'ordre et la paix non par la force intérieure des idées vraies, mais par crainte et ambition. Seulement les passions qui fondent la cité sont les passions sociales. Elles font la concorde en existence comme les idées font la concorde en essence. Ainsi elles imitent la raison. C'est pourquoi il suffit dans la cité de l'apparence de la concorde et de la raison. Cela est nécessaire pour les esclaves de leurs passions. Leurs actions ne seront jamais ni justes ni injustes, car ils n'en discernent point les causes. Peu leur importe donc qu'ils fassent telle ou telle action que le souverain pouvoir leur commande. Cela est suffisant pour ceux qui veulent la raison véritable, car ils sont assurés que le souverain pouvoir ne leur commandera jamais un acte déraisonnable. En sorte que la société ordonne par contrainte tout ce que le sage fait par raison.

C'est en cela que consiste le progrès. Peu à peu les idées des sages pénètrent la législation de la cité. Ce faisant, elles deviennent passions elles-mêmes, mais passions qui imitent des idées vraies. Ainsi la crainte des châtiments et l'espoir des récompenses inspirent des actions utiles à l'Etat. Ceux qui les accomplissent ne se doutent pas qu'ils sont vertueux et qu'ils suivent les préceptes des sages. C'est pourquoi ils ne suivent pas ces préceptes et ils ne sont pas vertueux.

Toujours est-il qu'ils semblent l'être. Le propre du progrès est ainsi d'amener les gens à la vertu sans qu'ils en aient envie le moins du monde.

*
* *

4. La cité libérale. — *a) Le libéralisme.* — Dans ce cas, ceux qui aiment la raison ne sont point étrangers dans la cité. Ils y sont pleinemeut libres. Ils y sont d'autant plus libres que nul ne peut céder à la société tout son droit naturel. Nous lui cédons nos droits matériels, nous obtenons en échange la protection de la police et des lois. Mais comment donc lui donnerions-nous davantage ? Comment haïr, comment aimer, comment éprouver une passion quelconque pour se conformer aux ordres du souverain pouvoir ? Nous ne sommes pas les maîtres de nos images. A plus forte raison la société n'y peut-elle rien. A plus forte raison encore ne sommes-nous pas les maîtres de nos pensées. Nous l'avons vu : la vérité est un caractère intrinsèque des idées, non un décret de notre caprice. Il ne dépend pas de nous que les rayons du cercle soient égaux ou non. Ainsi notre entendement est conduit à l'affirmation par la vérité des idées. Nul pouvoir ne peut faire que je pense inégaux les rayons d'un cercle. Et il en est de même dans les questions plus compliquées, comme celles de la destinée des hommes ou de l'amour de Dieu. Au surplus l'opinion est unanime pour regarder comme violent le gouvernement qui agit contre les esprits. Violent et non pas fort, car l'usage raisonnable de sa force est de plier les citoyens à agir comme sous une même inspiration. Et cela est en son pouvoir. Mais il excède les limites de sa force et celle-ci se convertit en impuissance, lorsqu'il espère gouverner le cours des idées. L'ordre des idées est rigoureusement déterminé par la nécessité de la raison : vouloir le changer est aussi absurde que vouloir retourner le monde. Il faut même ajouter qu'un tel gouvernement travaillerait contre ses intérêts les plus évidents. La fin du gouvernement n'est pas de faire des hommes, d'êtres doués de raison, des brutes ou des automates. Tout au contraire la fin du gouvernement est de faire que le corps et que l'âme des citoyens s'acquittent en sûreté de leurs fonctions, qu'eux-mêmes fassent usage de leur raison libre. La fin du gouvernement est, en réalité, la liberté. Non la liberté d'agir, mais la liberté de raisonner et de juger. Voilà qui se conçoit aisément.

b) L'imitation de la vertu. — La société utilise raisonnablement nos passions. C'est là, au sens vrai du mot, et tout comme dans les tragédies antiques, une purification, une κάθαρσις. Ainsi nos passions convenablement dirigées nous conduisent à imiter la raison. C'est dire que l'Etat ne commande rien qu'un sage ne puisse, de son libre gré, vouloir. Le sage est donc hautement libre dans l'État. Seul, l'esclave sent la contrainte des lois. Mais le sage vit en réalité sans lois. Et tandis que l'esclave souffre de la contrainte, comme un cheval attelé qui voudrait ruer, tandis que l'esclave menace à chaque instant l'ordre et la paix de la cité, le sage les consolide en lui-même par la réflexion, dans les autres par son exemple. C'est pourquoi l'intérêt de l'Etat est que tous les citoyens, s'ils le veulent et y travaillent, puissent devenir des sages. Et à cette fin, il doit s'interdire le dogmatisme. Nul ne parvient à la vérité et à la vertu s'il ne les cherche dans la liberté de son âme. Nul ne parvient à la religion, qui est l'épanouissement de la sagesse, s'il n'aime Dieu de tout son esprit et de toutes ses forces, comme dit l'Écriture. Or, comment imposer l'amour ? On voit donc qu'il nous faut à présent traiter de la vie religieuse. En terminant l'étude de la vie intellectuelle, nous avions déterminé la méthode pour obtenir la sagesse. Un obstacle nous arrêtait : les passions. Nous savons maintenant comment les réprimer en nous. La société, si nous le voulons, nous est, dans cette tâche purificatrice, un précieux auxiliaire. Désormais la route est libre.

CHAPITRE III

—

LA RELIGION

1. Le Libre penseur. — *a) La cité des sages.* — Laissons la cité des esclaves, où règnent l'ambition et la crainte. Efforçons-nous de concevoir une autre cité où l'on ferait tout par raison. Nous pouvons, au moins en partie, prédire ce qui s'y passerait. Tout d'abord, les genres de connaissances ne seraient point confondus. Et ce serait comme le côté négatif de l'existence des sages. Délivrés de l'erreur, ils seraient affranchis des passions. Mais nul n'est délivré de l'erreur et affranchi des passions s'il n'a des idées vraies et s'il n'accomplit des actions honnêtes. Aussi les citoyens travailleraient-ils à acquérir la connaissance du troisième genre, qui est l'intuition intellectuelle des essences, et ce serait leur vie véritable. Car on ne doit point oublier que les hommes cherchent à vivre, et à vivre dans toute la vérité du terme, c'est-à-dire à vivre heureux. Souvent, on a l'air de croire que théorie et pratique, science et vertu sont deux ordres d'idées séparés. Mais c'est là une pernicieuse erreur. Les hommes veulent le bonheur. Comme il n'apparaît pas que ce soit l'état naturel des êtres, les religions promettent un bonheur que l'expérience échoue à nous révéler. Seulement, les religions se contredisent ; et c'est la raison qui décide souverainement de leur débat. Encore pour décider souverainement devait-elle connaître les règles de sa jurisprudence. C'est pourquoi il nous a fallu entreprendre une théorie de la connaissance. Nous aurions complètement perdu de vue l'objet de notre recherche, si nous n'essayons de nous prononcer sur le fond du problème. Et comme, en fait, nous ne sommes pas sollicités par des religions très diverses, comme le judéo-christianisme s'impose à notre examen, la question qu'il nous faut traiter est celle-ci : que signifie le judéo-christianisme pour ceux qui se sont élevés à la connaissance du troisième genre ?

b) La liberté de la raison. — Nous pouvons entreprendre cette étude sans crainte de désobéir à l'État. Il importe à l'État que les citoyens se conforment aux rites publics du culte officiel. Il importe à l'État que les citoyens soient de vrais sages et obéissent réellement à la raison. Mais les motifs et les principes qui dictent cette sage conduite, les jugements qui fondent intérieurement la vertu, tout cela échappe, par sa nature, à l'autorité de l'État. Nous pouvons donc examiner, en toute liberté d'esprit, la Religion traditionnelle.

c) On peut critiquer la Révélation. — Mais peut-être est-ce manquer d'esprit religieux que de vouloir critiquer les saintes Ecritures ? — Encore une fois, n'oublions pas que nous ne les pouvons tenir pour saintes avant de les avoir étudiées. Ajoutons même qu'il convient de se défier des idées et des choses qu'on nous donne comme sacrées et soustraites à l'examen. Il se pourrait que ce fût pour endormir notre vigilance et développer notre paresse. Une foule qui ne pense pas et qui se laisse bercer par des contes est bien plus aisée à mener qu'un peuple qui délibère, qui réfléchit, qui discute. Rien ne gouverne plus puissamment la multitude que la superstition. Aussi, est-ce l'astuce des monarques de développer chez leurs sujets les pratiques, les rites, tout ce qu'on appelle les dévotions extérieures. Ils savent que répéter fréquemment les mêmes gestes amène l'engourdissement de la conscience. Mais ainsi la crédulité remplace la foi, et l'apparente dévotion devient la pire des impiétés. Comment des prières seraient-elles agréables à Dieu, si elles étaient prononcées de bouche et non de cœur ? Qu'on se rappelle ce qui est dit des Gentils dans l'Evangile : « Ils s'imaginent qu'ils seront exaucés par leurs longs discours. Ne leur ressemblez donc pas. » Ainsi, dans l'intérêt même de notre piété, et pour mieux honorer Dieu, nous devons redouter la superstition. Et le meilleur moyen d'éviter la superstition, n'est-ce pas d'étudier les Ecritures ?

Mais il ne s'agit pas de les étudier au hasard. Certains philosophes ont absolument voulu que les enseignements des Livres sacrés fussent d'accord avec leurs systèmes. Ils ont été ainsi amenés à violenter les textes et à proposer des interprétations plus subtiles qu'évidentes. Ils ont alors prétendu que le même texte pouvait avoir plusieurs sens très divers : l'un, par exemple, clair et apparent, pour les profanes ou le vulgaire, l'autre ingénieux et caché pour les initiés et les pontifes. Mais cela ruine l'autorité de l'Ecriture, car les hommes ont tous, au regard de Dieu, une même destinée, et les enseignements divins ne peuvent différer. En outre, une telle réduction de l'Écriture à un système est entièrement abusive. La méthode d'interprétation de la Bible doit être conforme à celle qui sert pour interpréter la nature. On ne doit attribuer à l'Écriture aucune doctrine qui ne ressorte avec évidence de son texte et de son histoire. Aussi faut-il étudier l'histoire et le sens du texte avec un grand soin ; et quand on parle ici du sens du texte, il s'agit uniquement du sens des paroles sacrées pour celui qui les écrivait, et point du tout de leur vérité. Lorsqu'on sera en possession des sentences des Livres sacrés, et qu'on les aura réduites à un certain nombre de chefs principaux, alors, et alors seulement, on pourra les examiner du point de vue de leur vérité, et décider si elles sont dignes de créance.

Mais ce n'est pas tout. Plusieurs églises ou confessions religieuses se disputent le privilège d'interpréter infailliblement l'Écriture. Il y a, par exemple, la tradition des Pharisiens, et l'autorité des Pontifes de Rome. Mais la tradition des Pharisiens n'est pas d'accord avec elle-même, et les témoignages sur lesquels s'appuie l'autorité des Papes manquent d'authenticité. Aucun critère extrinsèque ne nous autorise à affirmer que telle ou telle Eglise interprète l'Ecriture avec rectitude. Il faudra la voir, et voir ensuite si ces interprétations sont raisonnables. Ainsi la tâche essentielle consiste à comparer les vérités trouvées par la Raison, d'une part aux enseignements des Religions positives, d'autre part aux sentences des Écritures.

Or, le judéo-christianisme nous enseigne trois choses fondamentales : qu'il y a un Dieu tout-puissant qui gouverne l'univers ; — que ce Dieu tout-puissant nous réserve après notre mort un traitement conforme à notre conduite sur la terre ; — que Dieu, pour nous aider à vivre selon la vertu et à mériter les récompenses surnaturelles, nous a envoyé le Christ, son propre Fils. Voilà ce qu'il nous faut examiner à la lumière de la raison.

*
* *

2. La croyance en Dieu. — *a) La nature de Dieu.* — Lorsque nous observons les événements de l'univers, c'est pour chercher à les comprendre et pour en avoir la connaissance adéquate. Les relier les uns aux autres par des lois numériques, c'est en faire la science.

Mais considérer successivement les termes d'une série, ce n'est point avoir la limite ni la somme de cette série. La science ne donne donc pas d'explication globale, puisqu'elle ne forme pas de concepts de totalité. C'est à la réflexion qu'il appartient de former ces concepts. Nous retrouvons là, sous un autre aspect, une idée qui nous est familière : qu'il faut s'élever à la connaissance du troisième genre pour penser adéquatement les choses. Ainsi penser adéquatement les choses, c'est penser la totalité de leurs déterminations, ou les rapporter au Tout. Le Tout, par définition, est infini. S'il était fini, il serait partie, et non Tout. D'autre part, le Tout peut être envisagé du point de vue de la Pensée ou du point de vue de l'Étendue. C'est dire qu'il se confond avec la substance. La Substance est ce qui est absolument infini. Mais ce n'est qu'une manière d'appeler Dieu. Les théologiens définissent Dieu comme l'Être absolument infini. Il ne peut y avoir deux infinis qui seraient Dieu et la Substance : ces deux infinis se limiteraient réciproquement et ne seraient plus infinis. Dieu et la Substance se confondent. Il est vrai, nous ne pouvons prétendre que notre connaissance des choses épuise le réel. Nous ne pensons la Substance que sous deux attributs. Il se peut qu'il en existe beaucoup d'autres qui échappent à notre intellect. Nous dirons donc que Dieu est la substance et qu'il a une infinité d'attributs. Puisque les attributs sont des points de vue sur le Tout, et des points de vue indépendants, un seul de ces attributs suffit à nous faire comprendre l'infinité de Dieu. Infinité dans le temps et dans l'espace, puisque nulle limite ne peut être posée sans contradiction. Mais « infinité », au sens strict du terme, et non point, si l'on ose dire, « indéfinité ». La science exhibe des points et des points, des instants et des instants, sans que l'on puisse refuser de passer de l'un à l'autre. C'est là une marche indéfinie. La réflexion appréhende d'un seul coup l'espace et le temps, en dehors de toute mesure possible, sans qu'il y ait passage ni progrès. Telles sont l'éternité et l'infinité de Dieu. Mais elles ne sont pas accessibles à la connaissance discursive. La connaissance discursive procède par relations singulières : elle ne soupçonne même pas Dieu. La réflexion, par son effort intérieur, arrive à poser Dieu, mais elle le pose abstraitement, pour ainsi parler, dans une généralité tout indéterminée. Cela se conçoit aisément : connaître Dieu adéquatement, ce serait connaître adéquatement le Tout. Or, nous savons bien qu'il n'est pas inconnaissable, puisque la substance est idée. Mais nous savons aussi que nous ne le connaîtrons jamais, puisque la totalité de l'infini est contradictoire, et c'est en ce sens que l'entendement divin est infini.

Que Dieu soit infini, cela veut dire qu'il est incréé, puisque toute création le limiterait au moins dans le temps. C'est donc qu'il existe par sa définition même, ou, en d'autres termes, que son essence enveloppe son existence. On ne peut le concevoir comme n'existant pas. Et il est prouvé par là que son existence est nécessaire. Ainsi Dieu enveloppe tout. Nous ne pouvons nous passer de Dieu. Si nous voulons avoir une connaissance complète des choses, il faut dire, avec l'Apôtre, que tout ce qui est, est en Dieu, et n'est rien sans Dieu. Tout vient de Dieu. De la définition d'une chose, ou de son essence, l'intelligence conclut diverses propriétés qui s'en déduisent nécessairement. L'essence infinie de Dieu possède une infinité d'attributs. De quelque côté que l'on envisage l'essence de Dieu, l'on en tirera l'infinité des choses nécessaires. Il suit de là que Dieu est la cause de tout ; qu'il en est cause par soi et non par accident ; qu'il en est la cause première absolue. Dieu n'agit donc qu'en vertu des lois de sa nature. Nulle cause ne le contraint à agir. Ainsi Dieu est seul cause libre. Mais il ne faut pas faire d'équivoque sur ces mots. Dieu n'est pas cause passagère ou transcendante des choses, car rien ne peut être donné hors de lui. Une relation absolue d'intériorité unit Dieu et les choses : ainsi Dieu est cause immanente du monde. D'autre part, la liberté de Dieu n'est point indifférence ou caprice. La puissance de Dieu n'est pas distincte de son essence. Ne suit-il pas nécessairement de l'essence de Dieu qu'il soit cause de soi et du monde ? Mais l'essence de Dieu comprend les déterminations de l'Univers. Les volontés de Dieu, qui sont les pensées de Dieu, sont les lois éternelles du monde. La liberté de Dieu est la perfection de sa raison.

b) La vraie piété : la méthode rationnelle. — Tout cela nous apprend à nourrir en notre cœur les sentiments de la véritable piété. Nous savons que Dieu est en toutes choses et que toutes choses sont en lui. Efforçons-nous donc de mieux connaître Dieu. Nous l'en aimerons davantage. Et il est impossible que nous n'aimions pas Dieu : ce serait ne pas nous aimer nous-mêmes, ni nos actions, ni nos pensées. Ainsi la raison se haïrait elle-même : supposition contradictoire. Celui qui connaît Dieu, aime Dieu. Connaître Dieu, c'est pénétrer le détail de ses décrets et de sa puissance, c'est s'élever à la connaissance du troisième genre. Or cela, c'est non seulement comprendre les événements de l'univers, mais aussi comprendre nos actions et nos pensées. Penser les lois de la réfraction comme un mode de l'intellect infini de Dieu, voilà qui est bien. Mais penser ma vie de père de famille ou ma vie de citoyen comme d'autres modes de la divinité, voilà qui est encore mieux. Nous ne saurions nous être affranchis de la caverne, comme dit le divin Platon, que pour ce qui n'est pas nous-mêmes. En pensant nos idées et nos actions et les choses sous l'aspect de l'éternité, nous ferons œuvre de raison, nous serons agréables à Dieu. Car nous connaîtrons mieux sa puissance et nous vivrons selon sa volonté. C'est-à-dire, nous vivrons selon la justice. Celui qui pratique la vertu se place lui-même dans une cité d'égalité et de concorde. Les idées de ses actions s'harmonisent entre elles. D'autre part, on peut les considérer sous l'aspect de l'éternel : on peut les universaliser. Elles sont conformes à l'idée du Tout, qui est la pensée de Dieu. Dieu ne nous demande pas davantage : il veut être connu, aimé et servi. Mais servir, connaître et aimer Dieu, qu'est-ce donc, sinon précisément cela ? L'Ecriture elle-même ne nous prescrit point autre chose. Elle enseigne que la loi divine est universelle. Nous concevons sans peine que ce soit vrai, puisqu'elle est déduite de la nature humaine universelle. Elle n'exige pas la foi aux histoires. Elle n'exige pas la pratique des cérémonies. C'est dire que l'homme vertueux et raisonnable n'est point en contradiction avec les enseignements des Livres Saints. Il est en possession de la vraie religion.

c) La fausse piété : les prophètes et les miracles. — Au lieu de cela, la plupart des religions positives professent une étonnante mythologie. A les en croire, il y aurait des hommes choisis par Dieu, auxquels Il révélerait ses volontés et ses desseins. Quelquefois, même, pour être agréable aux prières de ses créatures, Dieu modifierait ses décrets et accomplirait des prodiges. C'est ce qu'on appelle les prophéties et les miracles. Cependant, et d'après l'Écriture elle-même, les prophètes furent des hommes comme les autres. Nulle part il n'est dit qu'ils l'emportassent en intelligence ou en savoir sur leurs compatriotes. Seulement la Divinité se manifestait à eux sous des apparences sensibles.

Voilà qui, déjà, nous peut, à juste titre, mettre en défiance. La Divinité, la Raison infinie, ne se manifestait point à eux comme Idée, mais comme image. Ne serait-ce pas, tout simplement, parce que l'imagination des prophètes était plus développée que leur raison ? Il faut, en effet, considérer que la raison est invariable dans ses actes. L'intuition intellectuelle n'appréhende jamais que les mêmes rapports : une idée vraie est vraie pour l'éternité. Au contraire, l'imagination est changeante à l'infini. Aussi les prophètes ont-ils eu des apparitions diverses : Michée a vu Dieu assis ; il s'est montré à Daniel comme un vieillard vêtu de blanc, à Ezéchiel comme un feu. Dans le Nouveau Testament, l'Esprit-Saint est descendu sur le Christ sous la forme d'une colombe, sur les Apôtres sous la forme de langues de flamme. Ainsi la Révélation varie dans sa forme d'après l'imagination du prophète. Au surplus, les prophéties n'étaient nullement infaillibles : il y a eu de faux prophètes qui ont présenté les mêmes signes que les véritables. L'Écriture enseigne expressément que Dieu peut tromper les prophètes : Ezéchiel écrit au huitième verset de son quatorzième chapitre : « *Et quand le Prophète s'est trompé et a parlé, c'est moi, Dieu, qui ai trompé le Prophète.* » Enfin, si le prophète est ardent et fougueux, il prédit des châtiments et des catastrophes. S'il est d'un naturel placide, il annonce la réconciliation et la paix. Les Mages ont lu l'avenir dans les étoiles et Nabuchodonosor dans les entrailles des victimes. Mais les peuples de l'Iran croyaient à l'astrologie et les Chaldéens aux haruspices. C'est donc que la Révélation elle-même varie avec le tempérament, la nationalité, les opinions du prophète. Ne disons donc pas que les prophètes ont eu la connaissance souveraine des choses. C'étaient des hommes pieux, mais sans art. La sainteté de leur vie les amenait naturellement à trouver d'excellents préceptes que leur imagination recouvrait ensuite de couleurs brillantes. Il n'est d'ailleurs pas complètement impossible que l'imagination, par sa seule force, présente confusément les événements qui sont proches, mais cela exige des conditions très particulières. Quoi qu'il en soit, nous devons prendre les prophéties pour des exhortations à un peuple aveugle, non pour des pensées vraies. Elles ont pu être d'une grande utilité à ceux qui se contentent de pratiquer la religion de l'extérieur ; mais elles ne sauraient servir au sage.

Du moins, la croyance aux prophéties se justifie-t-elle du point de vue de la connaissance du premier genre. Il n'en est pas de même de la croyance aux miracles.

D'une part, il est certain que rien n'arrive contre la nature. Tout est déterminé par des règles fixes d'existence et d'action qui découlent de la nécessité de la nature divine. C'est pourquoi Dieu ne peut changer les règles ni la succession des choses. Nous avons déjà vu que la meilleure manière de connaître Dieu était de connaître ce qui découle de sa nature, de connaître les lois de l'Univers. A supposer donc que ces lois fussent soudainement violées, cela ne nous donnerait point l'idée d'un législateur universel et omnipotent, cela ne nous apprendrait rien sur Dieu. Bien plutôt, cela nous porterait à croire que tout se passe au hasard et sans loi. Un miracle prouvé serait la preuve de l'athéisme. Voilà les regrettables effets d'une distinction illégitime entre la puissance de Dieu et la puissance de la nature. Heureusement, l'Écriture n'enseigne point cela. Il est aisé de voir que lorsqu'elle parle des volontés de Dieu, ce sont des figures du style hébraïque pour désigner les lois naturelles. Ainsi, le dix-huitième verset du cent quarante-septième psaume appelle « Verbe de Dieu » la chaleur qui fond la glace. Ainsi encore le quatrième verset du cent quatrième psaume appelle le vent : « un envoyé de Dieu ». Il n'est pas un miracle de l'Écriture qui ne soit explicable par la naturelle raison. Josué, surpris de voir un jour plus long que les autres, peut-être parce que le ciel était moins chargé de nuages que les jours précédents, crut que le soleil avait ralenti sa course. Il ne savait apparemment pas que le soleil est immobile. Cet exemple est excellent pour montrer qu'il faut connaître les opinions de ceux qui rapportent les prétendus miracles. Sans quoi on risque de prendre pour raison ce qui relève du premier genre de la connaissance et l'on confond les rêves des narrateurs avec les faits réellement arrivés.

*
* *

3. La vie éternelle. — *a) La raison et la joie.* — Nous croirons donc simplement, comme l'Apôtre que Dieu est en nous et que notre foi nous justifie. Nous nous efforcerons d'aimer Dieu, ce qui est proprement connaître le monde et pratiquer la vertu. Et il se trouvera que par là même nous atteindrons le bonheur. Toute notre puissance est dans notre raison ; et c'est elle qui nous délivre. Imaginer les parties du monde comme si elles étaient indépendantes, c'est encore une fois se soumettre aux tourments des passions. Penser les parties du monde à leur place dans le Tout, c'est connaître la liberté humaine. Mais ce n'est encore que le côté négatif de la Béatitude. Il y a plus : nous ne pouvons plus être tristes. Nous ne pouvons pas penser la tristesse comme une partie du Tout. La tristesse est inhérente à l'imagination des parties ; penser chaque chose à sa place, c'est penser l'ordre éternel du monde, et les idées éternelles de Dieu. Telle est l'intuition de la raison. Mais elle est aussi la révélation de ce qu'il y a de meilleur en nous. Nous aimons la vie, nous aimons notre vie et nos pensées. Jamais nous n'en avons la plus claire pensée que si nous les pensons en Dieu. C'est pourquoi nul ne peut haïr Dieu, car nul ne se hait soi-même. Vivre selon la raison ce n'est pas seulement mener une vie tranquille et sans orages. C'est aussi connaître les plus hautes joies qu'il soit donné à l'homme de goûter. C'est surtout connaître la joie indestructible.

b) L'éternité de la raison et la béatitude. — La raison nous constitue éternels. Il ne dépend pas du temps que l'hyperbole soit le lieu des points, tels que la différence de leurs distances à deux points fixes soit constante. La durée ne peut rien sur les idées vraies. Elle est donc impuissante sur la joie intellectuelle, dans la mesure où nous sommes, nous nous attachons à l'unique nécessaire, dans cette mesure même, nous sommes assurés d'une félicité impérissable. Il est vrai, nous ne pouvons abolir entièrement notre humaine condition : nous restons soumis à l'erreur nécessaire de la connaissance par les sens. Mais plus notre esprit connaîtra de rapports véritables, plus il se soustraira aux lois qui régissent sa nature sensible. Ainsi une grande partie des idées de l'âme ne pourront périr. Mon âme est l'idée de mon corps ; et l'idée des autres corps de l'univers. Elle est aussi la conscience que j'ai de mes perceptions et de mes actions. Mais mes pensées vraies ne mourront point. Et c'est la béatitude éternelle.

c) L'erreur personnaliste. — On discerne aisément quelle erreur égare ceux qui réclament pour l'homme une immortalité personnelle. Ils voudraient que tout ce qui est en moi, mon individu, fût toujours vivant. Mais ce qui est en moi, c'est un agrégat d'éléments qui recouvreront un jour leur liberté. La notion d'individus est une imagination confuse, un produit de la connaissance du premier genre. Ce n'est pas une pensée claire. Ils voudraient donc que la pensée fût imagination : requête absurde. C'est pourquoi confondant les genres, ils ne conçoivent l'éternité que sous la forme d'une durée sans fin. Ils ne voient pas que l'éternité est le contraire même de la durée. En réalité cette vie qu'ils ignorent après la mort est une pensée sans contenu. Après la mort, après la dissolution du corps, il ne peut exister ni imagination ni mémoire. Nous ne pouvons rien penser ni rien dire de cette prétendue vie éternelle. Il ne faut donc pas présenter la vie et la sagesse comme la méditation de la mort. L'homme libre ne pense pas à la mort. C'est l'amour du bien, non la crainte de la mort qui dirige sa vie.

d) La méditation de la vie. — Mais l'amour du bien, c'est l'amour de la raison, l'amour de la vie, l'amour de soi-même en essence.

Comment penserait-il sa destruction ? Comment, lui vivant, méditerait-il sur sa mort ? La mort n'est pas objet de pensée. L'idée du néant et le néant de l'idée reviennent au même. Le sage médite donc l'Éternité, la Raison, la Vie, en un mot, et toutes ses pensées sont pour accroître la vie en lui. Il écarte avec soin tout ce qui est diminution de soi, ou tristesse. Pitié, Humilité, Repentir, autant de tristesses où le sage évitera de tomber. Celui qui comprend comment tout découle de la nécessité de la nature divine ne peut rien trouver qui mérite haine, rire, mépris ou pitié, mais autant que l'humaine vertu le comporte, il tâche à bien vivre et en joie. Il s'efforce d'imaginer sa propre puissance, c'est pourquoi il évite le spectacle de sa faiblesse ou de ses fautes : il l'évite comme une faute nouvelle. En vérité, celui qui se repent pèche deux fois.

Ayons donc les yeux fixés, non sur le passé, mais sur le présent. C'est maintenant, en ce moment, que le problème se pose. Il s'agit d'être heureux et pleins de joie à cette heure même. Nous savons où trouver cette joie. Nous savons que le trouver c'est nous établir éternels. Voilà le vrai royaume, celui que prêchait le Christ. « *Le royaume de Dieu est en vous,* » disait-il.

L'amour que Dieu nous porte est en nous. C'est l'amour même que nous portons à Dieu. En lui consiste la béatitude que les Livres Saints appellent la Gloire. La Béatitude n'est pas la récompense de la Vertu, mais la Vertu même.

*
* *

4. La Mission du Christ. — *a) La vertu et la divinité.* — C'est par elle que nous participons à l'essence de Dieu. Nul ne peut entrer dans le royaume s'il n'est racheté. Rédemption voulue par Dieu dans son amour pour les hommes. Rédemption impliquée dans l'amour intellectuel que nous avons pour Dieu. Mais que serait entrer dans le royaume, sinon nous fondre en Dieu ! « Vous êtes des dieux, » dit l'Écriture ; et l'apôtre Paul plus expressément enseigne : « Nous vivons en Dieu, nous nous mouvons en Dieu, nous sommes en Dieu. »

b) Le Christ était véritablement divin. — C'est l'apôtre Jean qui écrit : « Nous sommes un avec le Christ, comme il est un avec le Père. » Car le Christ est l'exemple éternel de ceux qui veulent participer à la divinité. Il ne faut pas entendre dans un sens grossier et matériel que Jésus était Fils de Dieu. Mais en ce sens que la sagesse divine, qui éclate en toutes choses et qui brille particulièrement dans l'âme humaine, s'est manifestée à Jésus d'une façon unique et singulière. On ne peut attribuer de sens aux paroles de ceux qui disent qu'il était fils de Dieu selon la chair. Autant vaudrait dire qu'un cercle est devenu un carré. Seulement il faut proclamer que nul n'est parvenu à cet état de béatitude. Voilà pourquoi il est vraiment ressuscité d'entre les morts. Sa dépouille mortelle n'a pas ignoré le sort commun, mais son âme est entrée dans l'éternité. Elle a échappé à la mort. (Si l'on entend ce mot dans le sens où le Christ disait : *Laissez les morts ensevelir leurs morts.*) Ainsi le Christ était divin selon toute vérité. L'apôtre Jean pouvait dire de lui que la Raison s'était faite chair : ὁ Λόγος σάρξ ἐγένετο (I, 14). Tel est celui qu'il nous faut aimer. Lui-même nous a laissé les commandements de la Loi nouvelle. Tu aimeras le Seigneur ton Dieu de toute ton âme et de toutes tes forces, et le second qui est identique au premier : Tu aimeras ton prochain comme toi-même pour l'amour de Dieu. L'apôtre dit encore : Si tu n'aimes pas ton frère dont tu vois la face, comment aimeras-tu Dieu que tu ne vois pas ? Toute la foi consiste donc dans l'amour du prochain. La foi n'est rien autre chose que d'avoir sur Dieu des idées qui soient l'expression de la vie religieuse, et qu'on ne saurait nier sans détruire du même coup la vie religieuse. Ainsi l'on ne saurait distinguer la pratique de la foi ; la foi sans les œuvres est morte. Et celui-là qui présente les meilleures œuvres a la foi la meilleure.

c) Les faux adorateurs du Christ. — C'est pourquoi ce sont des faux témoins de Dieu et des Antéchrist ceux dont les œuvres sont des œuvres de méchanceté. Ils persécutent les honnêtes gens qui diffèrent de leurs opinions et ils déploient toute leur astuce à dominer les âmes par la crainte, non par la raison. C'est le propre de l'Eglise Romaine d'exceller dans cette politique. Ainsi la superstition prévient les schismes. Mais alors il ne reste rien de chrétien : « Appeler mystères d'absurdes erreurs, » c'est le contraire même de l'esprit du Christ.

d) Les vrais chrétiens. — Les religions positives prétendent humilier la raison. Etrange impiété ! Demandons au Sauveur les règles de la Religion véritable. « Je suis né, répondit-il à Pilate, et je suis venu au monde pour rendre témoignage de la vérité. » Que serait cette vérité de Dieu hormis la Raison ? « La Raison était au commencement en Dieu, dit l'Evangile, la Raison était Dieu. » C'est dire qu'elle participait de la nature divine. Sans elle, rien n'existerait ; en elle est la vie, et la vie c'est la lumière qui éclaire tout homme, la lumière intérieure de l'esprit. Le Christ a été témoin de la vérité, de la vérité qui sanctifie, qui régénère, et qui délivre. Nous n'avons rien à renier de nous-mêmes pour le suivre : n'est-il pas venu accomplir la loi, non la détruire ? Nous mériterons ainsi d'être appelés ses disciples, pour être allés vers lui avec amour.

APPENDICE I

L'Ame et le Corps.

On a longuement hésité avant de se séparer de l'interprétation traditionnelle qui pose le parallélisme des attributs. Cependant, il ressort nettement de *Morale,* part. I, déf. IV, qu'un attribut est un point de vue complet sur le monde. C'est dire qu'un attribut exclut l'autre. C'est ce qui est dit explicitement au scholie de III, 2 : « L'ordre et l'enchaînement des choses est parfaitement un, soit que l'on considère la nature sous un attribut ou sous un autre. »

D'autre part l'ordre et la connexion des idées et des choses sont radicalement les mêmes. Identité, non parallélisme. La Pensée dans sa totalité se confond avec l'Etendue dans sa totalité. Mais il est impossible de les considérer comme se déroulant parallèlement et se correspondant terme à terme : il y a des portions d'étendue, il n'y a pas de morceaux de pensée (partie V, préface.)

Il semble que l'interprétation traditionnelle entende le monisme de Spinoza comme une sorte de dualisme; on prend le changement de méthode pour un changement d'être. Mais cela est formellement exclu par la proposition XII de la IIe partie : l'être est le même (1).

APPENDICE II

La connaissance du quatrième genre.

Le *Traité sur l'Epuration de l'intellect* distingue quatre genres de connaissance, mais la première est la connaissance par ouï-dire, qui devient, dans la

(1) Voici les textes auxquels il sera loisible de se référer, pour examiner cette question :

a) Définition des attributs : Morale, I, déf. 4; II, prop. 15; IV, prop. 27. *Int.* § 26; *Morale* III, 2, schol.

b) Identité substantielle : Morale, I, 14, coroll. I et II, 4, 7; V, 1; II, 12, 21, schol.; III, 2, schol.

c) Impossibilité de rapports entre attributs : Morale, III, 2; V préface; II, 16.

Morale, une variété de l'expérience errante. Viennent ensuite l'expérience errante, la connaissance par les universaux, ou en extension, et la connaissance par les essences ou en compréhension (1). C'est seulement au § 33 qu'il est question de l'idée de l'idée. Il semble bien que ce soit pour prévenir une confusion possible. Un cercle diffère de l'idée d'un cercle : l'idée d'un cercle n'a ni centre ni périphérie. De même différeraient une idée et l'idée de cette idée. Il n'en est rien : « Savoir et savoir qu'on sait, c'est la même chose. » Par suite, cette idée de l'idée ne nous fait pas avancer d'un iota au delà de l'idée même. Mais l'idée est l'idée d'un objet. Ainsi le savoir, pour être bien réellement un savoir, non un verbiage, ne doit pas chercher à s'affranchir des règles de la pensée : l'âme ne se connaît elle-même qu'autant qu'elle réfléchit sur un objet. A cette seule condition, il y a connaissance du troisième genre. Les propositions XXII et XXIII de la IIᵉ partie de la *Morale* expriment le réalisme le plus rigoureux : la véritable matière de la réflexion, c'est l'univers. On ne peut pas réfléchir en dehors de l'exemple. Mais c'est là renoncer à toute connaissance purement formelle, à toute connaissance du quatrième genre.

APPENDICE III

La Religion.

Il ne paraît pas que l'on puisse interpréter littéralement les textes de Spinoza relatifs aux Religions traditionnelles. Sans doute, le *Traité théologico-politique* contient mainte déclaration de soumission et de respect à la Religion de l'État. Sans doute aussi, la Préface des *Œuvres Posthumes* expose longuement les concordances entre le Christianisme et la philosophie spinoziste. Enfin, ses biographes rapportent certaines de ses paroles en faveur de la Religion

____

(1) *Int.* ch. IV, § 19. III, IV. (Divisions de l'édition Bruder.)

réformée ; il serait même allé à des réunions religieuses chez des luthériens de La Haye.

Mais il ne faut pas oublier que le *Traité théologico-politique* est, au moins en partie, une œuvre de propagande dirigée contre les agitateurs cléricaux, hostiles aux frères de Witt. D'autre part, ce Traité a été publié du vivant de Spinoza, aussi la pensée est-elle moins clairement exprimée que dans la *Morale*. La Préface des *Œuvres Posthumes* est due à Louis Meyer : peut-être a-t-il désiré atténuer les polémiques que l'ouvrage était appelé à soulever. Sa pensée ne dut pas être exempte d'appréhensions, puisqu'il fit paraître sa préface sans la signer, et le livre lui-même sans nom d'auteur ni d'imprimeur. Il est vrai, le pasteur Leenhoff (1) a cru pouvoir fonder une secte de chrétiens spinozistes, et l'on s'explique jusqu'à un certain point cette manière de voir. Mais elle est difficilement compatible avec des propositions comme celles sur la Joie, la Pitié, le Repentir (2). Enfin la lettre terrible adressée à Albert Burgh (3) n'atteint pas seulement l'Eglise catholique. La Religion réformée et la Religion israélite sont implicitement repoussées par les propositions sur la personnalité de Dieu et sur les sanctions de la vie future.

(2) *Morale*, IV, 50, 53, 54, 67.

(1) Van LEENHOFF, *Hemel op Aarden*. (Le Paradis sur la terre.) Cf. JALICHER. *Historia Spinozismi Leenhofiani*.

(3) Lettre LXXIV.

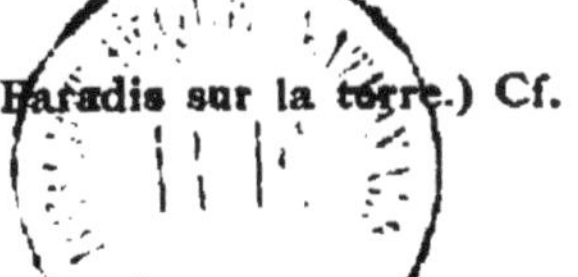

Bibliographie sommaire.

1. Œuvres de Spinoza.

Principes de la philosophie de René des Cartes (1663).
Pensées métaphysiques (1663).
Traité Théologico-politique (Amsterdam, 1670).
Œuvres posthumes (1677), comprenant :
  1° *Morale démontrée par une méthode géométrique*, en cinq
    parties :
    a) Dieu.
    b) La nature et l'origine de l'esprit.
    c) L'origine et la nature des affections.
    d) La force des passions et l'esclavage humain.
    e) La puissance de la raison ou la liberté humaine.
  2° *Traité sur l'Epuration de l'Intellect*.
  3° *Traité politique* (inachevé).
  4° *Correspondance* (principales lettres : 21 et 23 sur le
    Christianisme, 29 sur l'Infini, 30 sur les Présages, 42 sur
    la Distinction de l'essence et de l'existence, 45 sur la
    Démonstration de l'existence de Dieu, 49 sur Dieu et le
    salut, et 74 contre la Religion catholique).
  5° *Abrégé de Grammaire hébraïque.*
    Court Traité sur Dieu, l'homme et la Beatitude (publié
    en 1842 par Van Vloten). Ce dernier ouvrage est écrit
    en hollandais, les autres en latin.

2. Principales éditions.

Œuvres complètes, éd. Bruder, Leipzig (Tauchniz). 3 vol.
  in-16 carré. 1843.
Supplément aux Œuvres complètes, éd. Van Vloten. Amster-
  dam. 1 vol. in-16 carré. 1862. Cette édition contient le *Court
  Traité* (textes et trad. lat.) et les *Opuscules.*
Œuvres complètes, Van Vloten et Land, 2 vol. in-8°. La Haye,
  1882.
Œuvres complètes, Van Vloten et Land, 3 vol. in-12. La
  Haye, 1895.
Œuvres complètes, Appuhn, Paris, Garnier, 1908, 3 vol.
  in-12. Les deux premiers volumes seuls sont parus.

3. Principales traductions françaises.

Œuvres, Saisset, Paris, 1843.

Œuvres complètes, trad. et annotées par J. G. Prat, Paris, Hachette, 1875.

Œuvres complètes (texte et traduction). Appuhn, Paris, Garnier, 1908. 3 vol. in-12. Les deux premiers volumes seuls sont parus. Il manque encore le *Traité théologico-politique*, le *Traité politique*, la *Correspondance* et les *Opuscules*.

Éthique, trad. de Boulainvilliers, revue et annotée par M. Colonna d'Istria. Paris, Colin, 1906.

Éthique, trad. fr. dans la collection populaire des grands écrivains. Paris, Flammarion.

Court traité sur Dieu, l'homme et la Béatitude, tr. Janet, Paris, Hachette.

4. Travaux historiques et critiques.

Brunschwig, *Spinoza*. Paris, Alcan.

Chartier, *Spinoza*. Paris, Delaplane.

Delbos, *Le problème moral dans la philosophie de Spinoza et dans l'histoire du spinozisme*. Paris, Alcan.

Freudenthal, *Spinoza, Sein Leben*. Stuttgart, 1904.

Hamelin, *Année philosophique*, 1900.

Karppe, *Études de critique et d'histoire de la philosophie*. Paris, Alcan, 1904, in-8°.

Lagneau, *Revue philosophique*, mars 1882. — *Revue de métaphysique et de morale*, mars 1898.

Land, *In Memory of Spinoza*, od. Knight, London and Edinburgh, 1882.

Meinsma, *Spinoza und sein Kreis*, Berlin, 1909.

Pillon, *Critique philosophique*, 29 juin 1876.

Ellsworth Powell. *Spinoza and Religion*, Chicago, 1906, in-12.

Servas van Rooijen, *Inventaire de la Bibliothèque de Spinoza*. La Haye et Paris, 1888.

Table des Matières et des Références [1]

Abréviations : — *Int. :* Traité sur l'Épuration de l'Intellect. — *Mor. :* Morale. — *Th. p. :* Traité théologico-politique. — *Tr. pol. :* Traité politique. — *Corr. :* Correspondance.

2255-10. — Imp. des Orph.-Appr., F. BLÉTIT, 4o, rue La Fontaine, Paris.

www.ingramcontent.com/pod-product-compliance
Ingram Content Group UK Ltd.
Pitfield, Milton Keynes, MK11 3LW, UK
UKHW021447090726
13657UKWH00003B/1263